AF450211

MIENTRAS DUERME
LA NOCHE

ExLibric

SARA GÓMEZ GÓMEZ

MIENTRAS DUERME
LA NOCHE

EXLIBRIC

ANTEQUERA 2023

MIENTRAS DUERME LA NOCHE
© Sara Gómez Gómez
© de la imagen de cubiertas: Álex Barbarroja
Diseño de portada: Dpto. de Diseño Gráfico Exlibric

Iª edición

© ExLibric, 2023.

Editado por: ExLibric
c/ Cueva de Viera, 2, Local 3
Centro Negocios CADI
29200 Antequera (Málaga)
Teléfono: 952 70 60 04
Fax: 952 84 55 03
Correo electrónico: exlibric@exlibric.com
Internet: www.exlibric.com

ISBN: 978-84-19520-94-4
Depósito Legal: MA 457-2023

Nota de la editorial: ExLibric pertenece a Innovación y Cualificación S. L.

SARA GÓMEZ GÓMEZ

MIENTRAS DUERME
LA NOCHE

A mis hijos, Jaime e Íñigo, y a mi Mor.
Gracias por dejarme ser vuestra.

A mis queridos padres y hermano.
Siempre seréis mi luz.

A todos los que me habéis inspirado
en este maravilloso camino.

ASÍ ESTALLÓ TODO

Arrojé tus besos al abismo indómito de un volcán.
Inquietante e intimidatorio, como eras tú.
Majestuoso y brillante, como yo te venero.

Precipité tus palabras al vaivén más profundo del océano.
Indomable y bravío, como yo te sabía.
Burbujeante y balsámico, como yo te recuerdo.

Lancé tu aroma a lo más álgido de la montaña.
Inalcanzable y firme, por cualquier montañero.
Irreverente y tenaz, como yo te sostengo.

Y, desde entonces, te siento, te toco, te huelo.
Tu lava, tus aguas, tu cumbre.
Con fuerza, con tacto, con eco.

PASADO DISTÓPICO

Por el perfil del muro abismal asomé mi mirada
y mi cuerpo.
Las calles me aullaban.
Su reclamo era de un eco ensordecedor
de onda expansiva escala 600.

Y fui.

Abducido por su epicentro,
grité por si alguien me oía,
pero mi voz se perdió en el perímetro secundario.
Nadie a la vista.
Aporía del pensamiento, callejón sin salida.

Caí irrevocablemente, yo, viajero.
El mundo que se abrió ante mí era de belleza inusual.
Arreboles púrpuras, centelladas incandescentes.
Humanismo digital. Revolución 4.0.

Y ahora, ya muy lejos,
cuando soy negacionista,
rage against the machine,
me conformo con un beso.

LA FUNAMBULISTA

Camino por la futilidad de tus días,
como una funambulista resabiada,
sin prisas,
pero sí allanando el camino a futuros avatares.

Pienso en tu guerra perdida,
materia gris embrollada.
Ciprés de agua estancada,
llévame enhiesta a tu cumbre.

Pinsapos sin tierra, sequía amancillada,
hago equilibrio en alambres
y endeble madera tensada.
Mientras, tú ya has tirado la toalla.

Cada vez que te miro, con ojos cerrados,
encuentro ahora el camino
que lejano antes divisaba.
Tarde ya, querida mía.

TÚ, YO Y MI PANTALÓN. ÉRAMOS JÓVENES

Asido a la piel como guante de látex,
tirante, sincero,
en la cama un dislate,
jamás te prestaste a debates.

Oxímoron de sentimientos, estímulo de sierpes,
sensual, imperecedero.
Después de casi una vida,
hoy te coronas viajero.

Vaquero, polipiel, encerado o cuero;
pespuntes al bies, a láser o descosido.
Tú bebías los vientos por él.
¿Continente o contenido?

Para el balance de blancos te servía como herramienta.
Una pregunta sólo,
una pregunta de viejas:
¿tal vez comodidad o quizás belleza?

De punto, seda o satén,
sarga, lana o tafetán.
Mañanas de pastas y té,
éste hoy se queda en el diván.

RABIA

La soledad de la noche se adueña de mí.
Y mi alma encarnada deja que la pena
entre a borbotones,
aguja inyectada,
como líquido de un vial de titánicas dimensiones.

Me veo reflejada en el abismo del tiempo
de esas noches hueras, cristales espejos.
Y resisto el temporal,
como una montaña de nieve lo hace
en una ciudad a 20 grados.

Y doy patadas de rabia.
Me calzo mis botas de tacos y los recibo uno a uno,
pero son poliedros calados con aristas de neón.
Imposible chutar al balón.

1001, 1002, 1003… Mi corazón sinestésico
ya va a 1000 revoluciones.
Loading…
Está lleno de sentimientos,
no se permiten cambios ni devoluciones.

CADA VEZ QUE REGRESO DE TU CASA

Arropada por telares y alhajas,
vuelvo exhausta a mi morada.
¿Qué me has hecho, madre mía?
¿Qué me has hecho, madre del alma?

Poco te vi lucir tus enseres,
poco esculpir tu silueta de plata.
Daría un verano por volver a tenerte,
una primavera si me dejaras.

En sedas, lanas y alpacas
busco una y otra vez tu templanza.
También en perfumes y sombreros,
fieles espejos del ánima.

Habré de consolarme con imitar
a tu imagen y semejanza
las mañanas marchitas y dulces
que, risueñas, remudan al alba.

TU BATA

Amarrada a tu pelo, coleta de sierpes,
me pasaba todo el día.

Mientras, tus labios canturreaban versos epicúreos
con los que me regalabas el cielo.

«Dame un besito, amor»,
melodeaban tus quehaceres diarios.

Hoy te imagino, efigie pulida,
y aún siento el aroma de tu bata rosa de consuelos y abrazos.
Ataraxia de recuerdos,
la paz se apiade de mi duelo.

MENTIRAS

Inundas mis pantallas con palabras embaucadoras,
esperando que te reciba.
Más una palabra mía bastará para sanarte.

¿Qué esperas?
¿Que después de un lustro y 40 noches
ponga la mejor de mis sonrisas?
Imposible, ya no son horas.

Yo ya volví y tú estabas por el camino,
sin mirar atrás,
ni tan sólo una vez arrepentido.
Ahora te toca a ti esperar.

Con miles de almohadas,
duermo ya en una cama sin fin.
Moebius de excusas
y manta escarchada.

Y en la mesilla,
junto a mis sueños de capitoné,
botellas de Klein aguardan a ser llenadas.
Que esperen, que esperen sentadas.

NADA

Me dijiste que este viento ensordecedor
se llevaría todo lo que no quiero.
Me lo prometiste.
Pero todo continúa aquí.
Persiste el dolor en mi pecho,
punzante, adherido como un chicle
bajo la silla de un pupitre de colegio.

Aún hay flores en el ático,
caiga nieve, hielo o agua de asfalto,
imperturbables ante el deshielo.
¡Quiero que se vayan!
(O mejor, ¡quiero que vuelvas tú!)
Pero resisten tan fuertes como el cemento.
Imposible mi deseo.

Y yo ya no quiero significar nada.
Deseo ser el ticket de caja que se lleva el viento,
la anilla de la cerveza que tiras al cenicero,
el lapso negro entre parpadeos.

FÁBULA INTERSTICIAL

Es sólo rozar mi órbita laika con tus labios
y la maquinaria intersticial de mi pecho
se activa con un sincronismo melódico,
sinuoso, casi pluscuamperfecto.

Eres magia para mí,
eres mi todo y mi nada,
aquel que succiona mi aliento
y me corteja con tan sólo una mirada.
¡Y qué mirada!

A veces me siento tan abrumada
que no acierto a entender
cómo tu abismo color índigo
me elige como agujero negro en su infinito.
No es mal sitio, te lo advierto.

Abro y cierro los ojos
para cerciorarme de que no es un sueño,
una ilusión de mi mente abatida, vacía,
que tamiza contenidos de galaxias oníricas.
Afortunadamente, todo es cierto.

Y el mundo se detiene, nada más importa.
Un silencio cálido circunda mi cuerpo
y me transporta lejos del bullicio.

Ya siento ese placer analgésico;
pasa las hojas, que termina el cuento.

LOST IN THE DARK

Un millar de partículas se suspenden en el aire
y me impiden divisar la trazabilidad de mi horizonte.
Como aves migratorias,
esta vez sin fin, camino ni principio.

Fanales de gatos de un verde expectante
me guían a través de la luz negra de la habitación.
Son amistosos, o eso parece;
en otras circunstancias no me fiaría yo.

Y me dejo llevar, diligente,
aunque no quiero ir a ninguna parte.
Quiero quedarme y paladear este momento,
perfectamente imperfecto, incoherente.

Ahora sí puedo divisar al final un arcoíris
de masa etérea iridiscente.
Lo admiro con perplejidad en mis ojos,
boca abierta intermitente.

Y me atrapa como un imán desabrido
hacia los tesoros inalcanzables.
Daguerrotipo olvidado,
me inquieta su actitud de eternamente displicente,
como de no haber nunca amado.

¿Mi única pena?
Que no estarás tú, que ya jamás volveré a verte.

LA GRAVEDAD

Nadie en la sala,
al menos nadie que me interese.
De repente, irrumpes tú en esa sordidez sonora
y muchos susurros se detienen.

Un contoneo a cada paso,
y el suelo, vibrante, te rinde pleitesía.
Ondas de sierpes rojas al viento
enredan con tu blusa blanca de caricias.

Y tu cuerpo, trazado por la divinidad,
a la gravedad con fiereza desafía.
Ay, si lo hubiera sabido hace tiempo,
que de la física lo divertido era eso.

Tu risa audaz choca con mi desconcierto
y me ofrece esperanzas por anticipado.
Silueta perfecta, perfil delicioso,
veamos qué escondes por dentro.

No me hace falta tu mirada.
¿A quién quiero engañar con eso?
Sí me es vital admirarte,
cada centímetro de tu cuerpo.

40 minutos ciego
es el lapso entre parpadeos.
40 minutos sin guardia,
2400 segundos sin dueño.

No puedo,
no puedo,
no puedo.
Dejaré para más tarde la tregua,
he de mirarte de nuevo.

EL DOLOR

Sácalo, agítalo fuerte y saldrá a borbotones.
Tu alma vencida, rendida, hecha girones.

Pátina de sueños, concubio de ilusiones.
Llegaste con fuerza, marchitas cual renglones.

LA FALTRIQUERA

Allá donde las enaguas hacen cosquillas
se sostiene la faltriquera,
trazada de fieltro púrpura
y seda engalanada.

Cubillo de bagatelas,
antesala de soliloquios.
¡Quién fuera de tu calaña
para garlar con faldas y delantales!

La cara B de los secretos,
el doblefondo de las verdades,
se suspende lado a lado,
al compás de un cancionero.

Un día me acompañó
—jornal de aventuras, véspero de sueños—
y la abandoné en mi mesilla,
rendida, abatida, bordando ilusiones.

—¿Qué escondes dentro de ella, serrana bonita?
—Nada importante, señor, sólo mi alma desnuda
para cuando la necesite.

LA COARTADA

Como un asesino en serie,
voy diseccionando tus momentos.
Invado un armario gigante,
un joyero en mi pensamiento.

¿Acaso me persiguen?
¿Acaso alguien me delata?
Que el destino me arreste,
si no es creíble mi coartada.

DUALIDAD KINESTESIA

Soy la Norma Jean del papel satinado,
el Bruce Wayne del cómic.
Del tabloide el Clark Kent,
la Cansino del escenario.

¿Crees que me conoces bien?
Te creo equivocado.

Te diré por qué:
ni siquiera yo me reconozco
cuando me miro al espejo.
Un día, eterna;
otro, etérea como el agua.
La princesa metamórfica de Kafka.

LUCES DE ENSUEÑO

Perimetré tu cama con flores de luciérnaga.
Como habría querido ella,
destellos vestales,
acariciando tu cara rosada.

Y mientras la noche caía,
cristales espejos, canciones en calma,
enmudecieron tus llantos
y sedujeron al alba.

Si piensas llorar, mi niño bonito,
no lo hagas más, ya no hace falta.
Tienes a un guardián cada noche,
tejiendo para ti un manto de plata.

El crepúsculo de la lactancia

«Querido hijo:
He dejado preparados cinco briks
en el alféizar de la noche»,
escribió la madre en un pósit que prendió
al cabecero de la cama,
pespuntes al bies, puntadas al alba.

«Gracias, mamá, no los quiero.
¿No te das cuenta que sigo necesitando
tus caricias, tu seno,
tu alma a borbotones, la todicidad de tu cuerpo?».

«Claro que sí, hijo.
Voy preparando tu cartilla de racionamiento».

PARA TODA TU VIDA

«Y ahora, ¿qué?»,
piensas mientras tienden su cuerpo desnudo,
aún calentito sobre tu seno de oro,
pezones de bronce, nimbo de plata.

Cual varita de magia,
se sabe el camino
y tú te deslumbras, perdida de amor,
en tanto que entregas tu alma.

«Y ahora, ¿qué?».
Andorga de estrellas, tobillos de cielo.
Si tan sólo un minuto me dejaras,
proa a popa te devoraría entero.

Tu llanto sí me devora,
me anula y despedaza por dentro.
¿Vienes con instrucciones?
¿Tal vez algún prospecto?

«Y ahora, ¿qué?»,
piensas mientras clava su pupila en tu pupila dilatada.
Jamás volverás a dormir, ¡ilusa de ti!
Nunca más, guardiana entregada.

Tu cunita tenía espinos,
te acercabas ni de lejos.
Sólo a la cama de los padres, ¡magia, pura magia!,
pena no ser de tres metros.

IM-PACIENTE

12:00 h - [Olivia]
Tengo que confesarte algo que no me deja respirar:
me tienes profundamente enamorada.
Siempre así ha sido
y siempre así será.

12:01 h - [Leo]
Me emocionas con tus palabras, porque yo siento lo mismo,
pero ahora necesito tiempo.
Mi matrimonio se ha roto y estoy sumido en el abismo.

12:03 h - [Olivia]
De acuerdo, seré paciente.
Miraré para otro lado.
Esperaré los años que hagan falta.
…

12:04 h - [Olivia]
¿Estás ya preparado?

PAREDES DESNUDAS

[Él]

Baila para mí, sirena varada.
Mueve tus caderas, gacela embrujada.
¿Acaso crees que así muerdes el pecado?
Créeme, niña, eso para mí no es nada.

Yo caí en las fauces de la noche,
seguí el rastro de una luna embriagada.
Enmudecí ante los aciagos días.
Y tú, ¿qué crees que haces?
Nada.

Déjame que te enseñe el cielo,
vaivenes ocultos de placeres sin dueño.
Sólo así tocaré tus redes de madreselva,
tan sólo así, campanas al alba.

[Ella]

Déjame desnuda de carga y recuerdos,
esta noche todos me sobran.
Deja que cubra tus paredes vacías
con obras de incienso y romero.

Hoy sólo busco que me tiemblen las piernas,
no quiero caricias saladas.
Aprovecha ahora cuanto puedas,
quizás ya no estaré mañana.

¿Te has olvidado de quién soy?
Recuerda que para ti soy gitana.

El desamor

Precipité tu cuerpo helado
por el imbornal impenetrable.
Ya no me servía,
estaba inundado de sangre lampante.

CUORE NOCHES VACÍAS

Y aún hoy siempre esbozo una sonrisa
cuando trato de dibujar con miel,
pinceles y paletinas,
aquellas, nuestras noches vacías.

Tú siempre fuiste mi cresta de la ola.
Desde el principio, querida amiga.
Ya allí desde donde jugábamos
a echarnos horas encima.

Después de la agitación de la noche,
cuando ni mi calma ni el bostezo llegaban,
tú siempre, amiga querida,
conseguías que el abismo quedara en nada.

Bocadillos con todo, chocolates take away.
—¡Buenas noches, camarero!
Póngame uno calentito a mí
para acompañar en su velo.

Sangre de mi sangre

Y pensar que cuando viniste al mundo
yo no quería ni verte.
«¡No es otra niña!», me dijeron.
Egoísta de mí, aún no sabía que estaba de suerte.

Me quitarías el trono,
y ahora las cabezas se girarían al verte,
pero lo que nunca imaginé
es lo pronto que aprendería a quererte.

Cuántas veces has sido mi hombro,
mi bastón, mi lucero.
Mi Windows 10 con Windows Media,
sistema en curso a modo de prueba…

Cocina para mí, hermano querido,
cilantro, soja y citronela.
A nosotros dos lo que nos queda
es pasar una noche más en vela.

DIAGNÓSTICO: ENAMORADO

—Permítame que le cuente:
le hicimos un escáner de tórax
y únicamente encontramos mariposas
revoloteando alrededor de su vientre.

—Y eso, doctor, ¿qué cura tiene?

—Tranquilo, señor, enseguida se pasa.
Le he enmarcado su placa
en filo de oro
para que pueda decorar el recibidor de su casa.

(…)

—Doctor, he vuelto porque los cosquilleos
no han remitido.

—Lo cierto es que estudiamos su caso al mes
de haberse ido.

—¿Y qué me pasa, doctor?

—Lo siento, señor,
en este caso no hay cura,
es mesianismo de corazón.

PADRE

De raíces y tallos
está tu cuerpo configurado.
Un cuerpo robusto y fuerte, erudito y resabiado.
Desafiante y valiente, aprendiz y humilde por otro lado.

Por ti bebía los vientos de niña,
mi modelo, mi héroe, mi morada.
Y ahora, que ya no lo soy,
comprendo el difícil papel que representabas.

Fuiste contratado de extra,
sin guion, carteles ni claqueta.
Y la película más adelante decidió
que con el protagonista te quedaras.

Imagino tatuajes en ti,
algo que no es de tu capricho.
De haberlos dibujado, pondrían, tenlo por seguro:
«Amor de padre, amor de hijo».

Los surcos te delatan,
son los raíles de la veteranía.
De la niña feliz que pisaba su vestido
te has convertido en la guía.

CRIOGENIZANDO TRISTEZA

Pongo a calentar mi cazuela de desazones,
esperando que los ingredientes
adquieran la temperatura exacta
y se evaporen en este desaforado ambiente.

Pero el fuego no hace bien su trabajo,
o es la materia prima la que es demasiado fuerte.
Logro atraparlos y los destilo,
se escapa el agua a borbotones.

Mi futuro depende de ello,
así que he de echarle imaginación.
En el horno a 2000 grados,
quizás consiga la calcinación.

Tampoco. En su lugar, se reúnen las partículas cabecilla
y reagrupan al destacamento.
Mi mirada es de un total asombro,
absoluto desconcierto.

Creo que no lo lograré jamás;
así no, al menos.
Mientras mi corazón irradie calor,
el desatino seguirá existiendo.

Indiferencia a -1000 grados,
tendré que intentarlo con el frío.
Mis moléculas Alfa, KO,
la hibernación será su mejor destino.

MERODEANDO

Mientras duerme la noche,
acostumbra mi mente salir a pasear.
Sola en mitad de las tinieblas,
sin ningún alma a flote que arrumbar.

Es una luz que traza un camino certero,
en la quietud y el silencio infausto.
«¡Deja aparcada tu akrasia, marinero!»,
me ordena, dejándome exhausto.

A veces, decidida y directa;
otras, dubitativa y confusa.
Pero sabiendo que no ha de darse por vencida,
aunque lo intente, siempre puede perder la partida.

Yo no sé capear la noche oscura,
ni disimular con soltura y picardía.
Manos juntas, que me pongan las esposas,
detenido por nocturnidad y alevosía.

Marzo, día 8

Y hoy te invoco, costurera,
tú eres el anhelo de muchas.
Alquimia morada de rojo y azul,
fiel símbolo de nuestra lucha.

Humo tóxico que huyó de sus fauces
en esa cárcel con rejas de lana.
Él no fue digno de sus delirios,
sí el mal guardián de su grana.

Manto púrpura de desazones,
tiendes tus picos de oro y plata.
Sobre un asfalto de paso firme,
¿a quién cubres? Se llama Yana.

Amaranto carmesí, hoy eres violeta disecada
de una marcha de bandas y flores.
«Ni una menos», muchas más,
somos la Gran Marejada.

Luna lunera

Perfilé con mis dedos tu luna cuarto menguante;
a su lado, tu estrella satélite,
fiel compañera de pesares y alegrías,
alumbraba serena, vibrante.

Y yo, desde el concubio de mi ventana,
dibujo ahora la vida al pasar.
Un cuarto creciente perfecto
sonríe y me mima sin barruntar.

Paciente ella, y mi mente,
entusiasta rumiante de recuerdos,
deja hoy mil títeres sin cabeza.
Cosas que ya no tienen remedio.

Se marchita tu rocío,
se evapora tu candor.
Esos atardeceres infinitos,
los crepúsculos pasión.

Necesito un cántaro para preservar tu aroma,
certero, inimitable.
Dame un ánfora infinita,
quiero siempre recordar tu voz.

TU AUSENCIA

Encontré tus sábanas blancas,
aquellas que guardabas como oro en paño.
Cuántos años, cuántos días,
cuántas noches a buen recaudo.

Y advertí un ribete color esperanza en ellas,
tejido con tanto esmero,
trazado en tus noches vacías,
fiel compañero de sueños.

Ahora ya no quiero canciones de cuna,
sólo ansío una realidad más a tu lado.
Nada de flores blancas, rojas ni amarillas,
sí plantas perennes, sólo ésas o ninguna.

Ya no necesito caminar sobre nubes de algodón,
quiero un asfalto firme y certero,
un camino de baldosas predecibles,
áureas brillantes como las del cuento.

Eras mi musa, mi reina, mi consuelo.
¡Y yo sin saberlo!
Me he dado cuenta ahora,
ahora que tú ya no tienes dueño.

EL PLACER ABSOLUTO

Tardes de tormenta,
siestas de aguaceros,
mantita y consonantes bonitas
no compensan con dinero.

El placer más absoluto,
duermevela y tu silencio.
Me transportas en REM melódico,
si me arropas con esmero.

Ya esculpí con un cincel mis pensamientos,
llenos de quejidos, alaridos y lamentos.
Y me entrego completamente a ti,
ahora en físico y pensamiento.

Si me dices que vaya,
iré con el cuerpo entero.
A gatas, reptando o a pata coja,
sílbame para aliviar tu tormento

AYER SE NOS VOLÓ UN GLOBO DE CUMPLEAÑOS

Estela de cinco puntas
color verde esperanza.
As de primeras veces,
con purpurina argento engalanas.

Reflejas sonrisas mientras,
cautiva en bisoñas manos,
adornas retratos familiares
en septiminios innecesarios.

Esa tarde mágica probaste
la libertad rasgando el cielo.
Entre nubes y siluetas de animales,
mientras mortales te añoraban en duelo.

A sus manos probablemente llegaste,
en su seno es seguro que descansaras.
Tú, que apenas la conoces,
tienes ahora suerte de disfrutarla.

MASA PADRE

Frutilleando de puntillas,
te intuí robando un chusco de pan.
Masa padre con trocitos
y fructosa color grana a partes iguales.

0-1 en el marcador,
¿quién ganaría la partida?
El resultado sería esclarecedor,
pero yo no sé quién juega en mi guarida.

NO ES CASUALIDAD

«¿Banalidad?»,
dices mientras clavas tus palabras desnortadas
en mi comisura azul.
«Banalidad, ¿y tú me lo preguntas?
Banalidad eres tú».

HISTOLOGÍA DEL OLVIDO

¿Acaso piensas
que he de conformarme
sin volver a admirar la belleza?

Imposible para mí.

Recuerda que soy un confluir
de aguas iridiscentes
que desembocan en aquel
recurrente lago de folículos inertes.

Tal vez quieras redescubrirme,
y no seré yo quien te lo impida.
Pero, por favor,
ponte guantes para tan siquiera rozar mi herida.

PEQUEÑITA Y BLANQUITA

A diminutivo.siempre atendiste.
Es curioso, nívea morada,
tu nombre no te hacía justicia,
¿nunca te habías dado cuenta?

Porque tú eres grandiosa,
cande aposento de los manjares más deliciosos,
y en tu interior, desde la más brumosa lontananza,
albares almas hoy te regentan.

De las cenizas más lóbregas por fin resurges;
no es albur, sino constancia.
De tus verdaderos amos aprendiste,
réquiem por tiempos de bonanza.

Y hoy te eriges, homenaje a su memoria,
«Hijos de Antonio y Vicenta,
la Blanquita»,
Dios te tenga en su Santa Gloria.

CHISMOS 2.0

Inquina maledicente
se infiltra en progresivo.
Ojos cerrados, oídos sinestésicos,
viramundo sin aliciente.

Eres tú, como tantas otras mentes,
quien, indómita, no atiende a empatías.
Una madeja de sonidos quejicosos,
te crees única y bravía.

Te acicalas con esmero,
inmaculada, pulía y cuidadosa.
¿De qué te sirve, reina mora?
La procesión va por dentro.

Mis oídos ensordecen.
Mute 10 en toda regla.
Susurra o grita cuanto quieras,
te aseguro que no dejarás mella.

PRIMERO DE DESAMOR

Por la calle Argucias te busqué.
Cristalinos inyectados en odio incandescente
giraban de izquierda a derecha,
movimiento remoto inconsciente.

Pero no te encontré.
Y hacia a un oasis en mitad del desierto
me recordé reptando por ti,
aun cuando nunca me diste agua ni concierto.

Tú estabas en otras lides,
en alma, cuerpo y materia gris,
regurgitando corazones rotos
para alimentar andorgas moebius.

Y cuando al fin comprendí que quizás eras una entelequia,
—enigma a corazón abierto—,
descubrí que te escondiste para el olvido,
y así pude vaciarme un poquito por dentro.

EL CONSULTORIO

—¿Algún remedio casero para bajar de las nubes?
Es para una amiga.

NOVIEMBRE

En Santa Sede celebramos
el sempiterno familiar.
No os habéis ido todavía,
ni os marcharéis jamás.

En la tierra nos dejasteis
sin manta, sombra ni cobijo.
Desolados y en los huesos,
en nuestra alma buscáis escondrijo.

Y hoy venís a abrazar
a aquellos que más os necesitan.
Subid la música y festejad,
¡bailemos al son de la vida!

Corsarios del sinsentido,
bucaneros de la herida,
sabed que nunca muere aquél
al que en la tierra no se olvida.

ERES UN BUFÓN ● ♤ ♡ ◇ ♧ ●

Sí, lo eres, ¿y qué pasa?
¿Acaso no lo sabías?
Siempre lo fuiste,
impreso en la frente, tatuado en la mirada.

Cuando llegas a deshoras,
cuando lanzas la palabra.
No hay nada en tu donaire,
que no arrolle aun cuando callas.

De bufones, mimos y comediantes,
un mar de asfalto salpicado.
Sol siempre en su expresión,
noble oficio del renegado.

Carcajadas a destiempo,
que enmudecen cuando creces.
No hay mejor terapia, amigo,
lo bonito de ser payaso a veces.

SIGUES SIENDO UNA NIÑATA

Ya no andas de puntillas, sólo a pata coja,
pero tus tacones te delatan
y el fuego de tus vísceras te quema,
sigues siendo una niñata.

Espolvoreas tu epidermis
con notas cítricas de lima y ananás.
Así suena el más fiel de tus perfumes,
apto sólo para recordar.

Bailas lamiendo melodías,
ojos en REM, labios encarnados.
Diletante y traviesa te contoneas,
no hay quien te baje de los escenarios.

Eres el punto G de la vida,
el último paisaje en Arlés,
el cadmio más intenso y vibrante,
pones mi mundo entero al revés.

Y AHORA DESCUBRO
QUE SOY FUERTE

¿Y si lo intentas, a ver qué pasa?
Dar mil pasos de gigante,
ciento una zancadas, correr y no esperar
las hojas del liquidámbar.

Lamer tus lágrimas,
desternillarte en tu cara.
Armar tu rostro,
esnifar la vida a carcajadas.

Llamar al 4°,
huir gritando a bocanadas,
y doblar una esquina
para comentar la jugada.

Hurtar baladís
y salir por patas.
El corazón a mil por hora,
fumando tu alma resquebrajada.

¿Por qué no lo intentas? No pierdes nada.
Hacer hanami,
beber hasta que el sol no seque,
amar hasta que la lluvia nos dé la espalda.

Índice